Bibliografische Information der Deutschen Nationalbibliothek:

Die Deutsche Bibliothek verzeichnet diese Publikation in der Deutschen National-
bibliografie; detaillierte bibliografische Daten sind im Internet über http://dnb.d-
nb.de/ abrufbar.

Impressum:

Copyright © 2015 GRIN Verlag, Open Publishing GmbH
Druck und Bindung: Books on Demand GmbH, Norderstedt Germany
ISBN: 9783668286856

Dieses Buch bei GRIN:

http://www.grin.com/de/e-book/334664/mobile-device-management-ansaetze-im-
vergleich-potenzial-und-risiken-von

Daniel Kamps

Mobile Device Management Ansätze im Vergleich. Potenzial und Risiken von "Corporate Owned, Personally Enabled" und "Bring your own Device"

GRIN Verlag

FOM - Hochschule für Oekonomie & Management Essen

Standort: Düsseldorf

Studienfach: IT-Infrastruktur

4. Semester

Prüfungssemester: 2015 SS

Vergleich von Mobile Device Management Ansätzen:

Potenzial und Risiken von Corporate Owned - Personally Enabled gegenüber Bring your own Device in Bezug auf Datensicherheit

Hausarbeit

Vorgelegt von:

Daniel Kamps

Neuss, den 31.07.2015

Inhaltsverzeichnis

Abbildungsverzeichnis

Abbildungsverzeichnis

1. Einleitung:

Aufgrund der immer voranschreitenden Digitalisierung verschwimmt die Grenze zwischen Offline und Online immer mehr. Einer der Hauptgründe dafür ist das Smartphone.[1] Heutzutage besitzt fast jede zweite Person ein Smartphone. Dies geht aus einer Studie der Initiative D21 aus dem Jahr 2014 hervor. Die Zahl der Smartphone-Nutzer ist in den letzten Jahren rasant gestiegen.

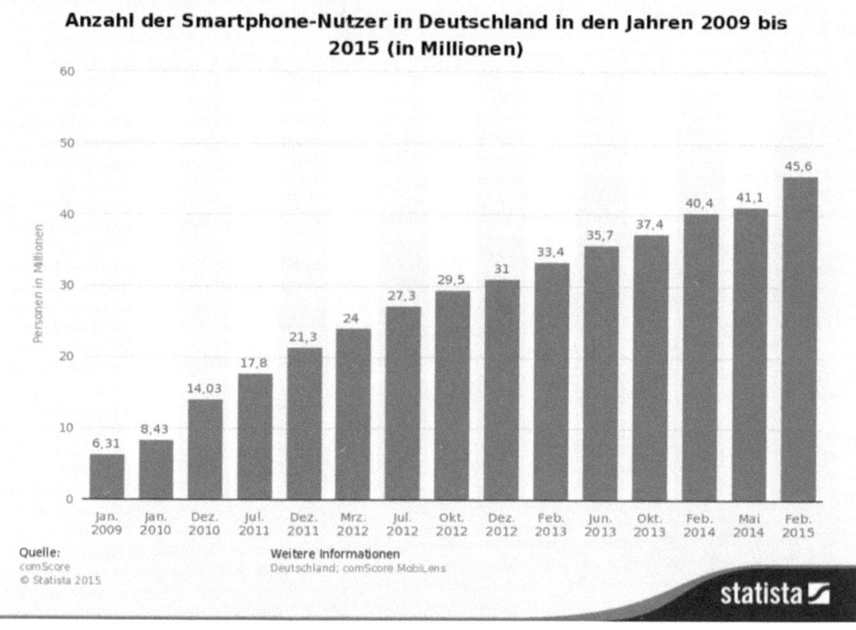

Abbildung 1: Anzahl der Smartphone-Nutzer in Deutschland in den Jahren 2009 bis 2015
de.statista.com/statistik/daten/studie/198959/umfrage/anzahl-der-smartphonenutzer-in-deutschland-seit-2010/

Die meisten Menschen nutzen Ihr Smartphone nicht nur für Telefonate, sondern verwenden auch bspw. multimediale Funktionen.[2]

---

[1] (vgl. Initiative D21 e.V.GmbH, 2014)

[2] (vgl. http://www.bitkom.org, 2015)

Doch Smartphones werden mittlerweile nicht privat genutzt, sondern finden auch im beruflichen Umfeld immer mehr Einzug.

Der Begriff „Consumerization" spielt hierbei eine große Rolle. Dieses Schlagwort beschreibt den Trend, dass immer mehr Geräte, welche für den „Consumer-Markt" entwickelt wurden, in Unternehmen eingesetzt werden. Ein ausschlaggebender Punkt war beispielsweise die Einführung des „Apple IPhone". [3]

So stellen einer Studie zufolge mittlerweile drei Viertel aller befragten Unternehmen Ihren Mitarbeitern Smartphones zur Verfügung. Die Unternehmen erhoffen sich dadurch eine höhere Erreichbarkeit und eine verbesserte Kommunikation zwischen den Außendienstmitarbeitern und dem Büropersonal. [4]

Weiterhin steigt i.d.R. die Produktivität der Mitarbeiter, da Sie auch unterwegs bzw. auch außerhalb der Arbeitszeiten erreichbar sind.[5]

Doch nicht nur die Anzahl der Unternehmen, welche Ihren Mitarbeitern Smartphones zur Verfügung stellen, steigt, sondern auch die Nutzung der privaten Geräte am Arbeitsplatz wird immer beliebter. So hat sich ebenfalls hat sich innerhalb der letzten 3 Jahre die Zahl der Unternehmen, welche den Einsatz von privaten Mobilgeräten erlauben, verdoppelt. [6]

Dennoch birgt diese Nutzung von Smartphones im Business nicht nur Vorteile, sondern vor allem Risiken. Die größte Sorge der Unternehmen gilt der Sicherheit der Daten. Laut der Studie sorgen sich 67 % der Verantwortlichen vor Diebstahl oder Verlust der Mobilgeräte und dem damit einhergehenden potenziellen Abfluss von vertraulichen Firmendaten. [7]

---

[3] (vgl. Franke, 2015 S.36)

[4] (vgl. Bitkom, 2013)

[5] (vgl. Andenmatten, 2015 S.429)

[6] (vgl. ITespresso, 2015)

[7] (vgl. ITespresso, 2015)

Die Unternehmen sind somit immer gezwungen, sich mit diesem Trend auseinander zu setzen und Prozesse und Systeme zu implementieren, um den Einsatz von mobilen Geräten verwalten und gewährleisten zu können.

Im Folgenden soll diese Hausarbeit einen Einblick in die verschiedenen Ansätze solcher Mobile Device Management Systeme geben und diese in Hinblick auf die Sicherheit der Unternehmensdaten miteinander vergleichen.

2. Grundlagen:

Um auf die Vor- und Nachteile dieser verschiedenen Mobile Device Management-Ansätze eingehen zu können, ist es notwendig, die verwendeten Begrifflichkeiten vorab zu erläutern. Folgend werden alle Grundlagen erläutert, um eine Verständlichkeit und Nachvollziehbarkeit sicherzustellen.

2.1   Mobile Device Management System

Der Begriff „Mobile Device Management" umfasst die Verwaltung und Überwachung der mobilen Infrastruktur eines Unternehmens. [8]

Prinzipiell ähnelt das MDM-Modell dem klassischen Client-Server-Modell. Auf dem lokalen Endgerät wird ein Software-Agent installiert, über welchen die Kommunikation mit dem Management-Server hergestellt wird.

Hierbei ist natürlich zu beachten, dass im Gegensatz zum Client-Server-Modell die Geräte bspw. nicht an einem festen Standort installiert sind und somit manuelle Eingriffe bzw. physische Zugriffe kaum möglich sind. [9]

---

[8] (vgl. Heinrich Kersten, 2012. S.103)

[9] (Heinrich Kersten, a.a.0., S. 103)

Grundsätzlich soll das Mobile Device Management System die mobilen Geräte, welche im Unternehmen eingesetzt werden, verwalten, überwachen, konfigurieren und gegebenenfalls mit Software und Updates bespielen können.

Somit dient das Mobile Device Management als Schnittstelle der mobilen Geräte zum Unternehmensnetzwerk.

Abbildung 2: Mobile Device Management
http://www.lanline.de/sites/default/files/LL03S03b.jpg

Je nachdem, welches Konzept des Mobile Device Managements im Unternehmen umgesetzt wird, müssen auch die Funktionen des MDM-Systems entsprechend angepasst werden.

In dieser Facharbeit werden ausschließlich die Konzepte „Bring Your Own Device" und „Corporate Owned – Personally Enabled" betrachtet.

2.2 Bring Your Own Device

Das Konzept "Bring your Own Device (BYOD) beschreibt, dass implementieren von privater Hardware in die Unternehmensumgebung.

Die Mitarbeiter erhalten für Ihre privaten Endgeräte Zugriff auf die Ressourcen des Unternehmens. Diese Smartphones werden dann weiterhin für private als auch für berufliche Zwecke eingesetzt. [10]

2.3 Corporate Owned, Personally Enabled

Ein gegenteiliges Konzept ist das sogenannte „COPE". Die Mitarbeiter bekommen vom Unternehmen ein mobiles Gerät zur Verfügung gestellt, welches zur privaten Nutzung freigegeben ist. Allerdings ist der Mitarbeiter, bis zu einem gewissen Grad, für die Einrichtung und den Betrieb des Gerätes, selbst verantwortlich. [11]

2.4 Datensicherheit

Ein obligatorisches Ziel bei der Einführung von mobilen Geräten im Unternehmen ist die Sicherheit. „Denn je mehr geschäftskritische Prozesse und Daten über diese Geräte abgewickelt werden, desto attraktiver sind sie für Angreifer. [12]

---

[10] (vgl. Heinrich Kersten, 2012, S.166)

[11] (vgl. Eric J. Rzeszut, 2014, S.79f)

[12] (vgl. AISEC, 2013)

Gerade in Deutschland ist der sowohl der Datenschutz als auch die Sicherheit dieser, ein wichtiges Thema. Im Vergleich zu anderen Ländern herrschen besonders strikte Datenschutzgesetze. [13]

Laut Hansen/Neumann wird die Datensicherheit wie folgt definiert:

„Datensicherheit beinhaltet die Verhinderung von Datenverlust, Datendiebstahl und Datenverfälschung. Durch vorbeugende Maßnahmen soll die jederzeitige Vollständigkeit und Korrektheit der Daten gewährleistet werden." [14]

Weiterhin muss also gewährleistet sein, dass die Daten nicht unbemerkt verändert werden können, sondern jegliche Änderungen nachvollziehbar bleiben.

Vor der letztendlichen Einführung ist eine umfangreiche und detailreiche Planung notwendig, da ein Verlust von vertraulichen Daten meist nicht nur einen Image- sondern meist auch einen finanziellen Schaden nach sich zieht. [15]

---

[13] (vgl. Kreitmair, 2011, S97)

[14] (vgl. Neumann, 2005, S.285)

[15] (vgl. Informationssicherheit, 2013)

3. Mobile Device Management

Für die meisten Unternehmen scheinen die Vorteile von Smartphones im Unternehmen sehr lukrativ. Die Mitarbeiter sind produktiver, besser erreichbar und die Kommunikation zwischen den Kollegen verbessert sich. [16]

Wie bereits erwähnt, birgt jedoch das Implementieren von Smartphones in die Infrastruktur des Unternehmens nicht nur Vorteile, sondern auch Gefahren. [17]

Diese Gefahren und Risiken möglichst gering zu halten, ist für die Unternehmen obligatorisch.

Die Bandbreite, bei der Probleme auftreten können ist extrem groß. Die größte Sorge gilt dabei den Unternehmensdaten. [18]

Ein wesentliches Ziel des Mobile Device Managements ist es, vorgegebene Sicherheitsstandards und Policies zu gewährleisten und die gesetzlichen oder vertraglichen Verpflichtungen des Unternehmens einzuhalten. [19]

Nach Heinrich Kersten (2012) verfügen Mobile-Device-Management-Systeme idealerweise dabei über folgende Funktionen:

1. *Inventarisierung der mobilen Geräte*
2. *Incident und Problem Management*
3. *Verteilung von Patches, Updates und Applikationssoftware*
4. *Überprüfung der Compliance mit Sicherheitsrichtlinien*
5. *Backup und Restore*
6. *Sperren des Gerätes und Löschen sensibler Daten*
7. *Zustandsüberwachung und Auditieren der mobilen Geräte*

[20]

---

[16] (vgl. ITespresso, 2015)

[17] (vgl. Heinrich Kersten, 2012)

[18] (vgl. ITespresso, 2015)

[19] (vgl. Heinrich Kersten, 2012, S12)

[20] (vgl. Heinrich Kersten, 2012)

3.1 Allgemeine Risiken des Mobile Computing

Unabhängig davon, nach welcher Strategie oder Konzept die Smartphones in das Unternehmen eingepflegt werden, gibt es grundlegende Risiken, welche betrachtet werden sollten. Einige davon lassen sich vermutlich nie ganz verhindern. So kann es immer passieren, dass Smartphones beispielsweise verloren gehen oder Daten versehentlich gelöscht werden. Einer Studie des U.S.-amerikanischen Ponemon Institute zufolge geht fast jedes zehnte Smartphone im Laufe seines Lebens verloren.

Dabei enthielten 60% der verlorenen Geräte sensitive Daten. Jedoch waren diese Daten bei einem Großteil der Geräte durch keinerlei Maßnahmen geschützt. 44 % der Unternehmen konnten im Nachhinein nicht beurteilen, ob auf den verlorenen Geräten vertrauliche Informationen gespeichert waren. Dies zeigt, dass den meisten Unternehmen das genaue Ausmaß solcher Fälle nicht bekannt ist. [21]

Dadurch lassen sich die Konsequenzen und die Risiken nicht näher kalkulieren. Daher sind organisatorische Maßnahmen unabdingbar, um die Auswirkungen im Schadensfall begrenzen zu können.

Eine weitere Bedrohung, welcher immer weiter in den Fokus gerät, ist die Schadsoftware. Die Verbreitung dieser hat in den letzten Jahren immer mehr zugenommen. Laut eines Berichts von McAfee wurden im Jahr 2011 792 Proben von Schadsoftware gefunden. Im Jahr 2012 hingegen waren es schon mehr als 36.000. [22]

Die große Herausforderung für Unternehmen, bzw. für die zuständigen IT-Abteilungen ist es, in solch einem Falle von Schadsoftware-Befall oder Verlust eines Gerätes, den Schaden möglichst gering zu halten. Hier setzen die Mobile Device Management Systeme an: So wäre es im Falle eines Verlustes beispielsweise möglich, per Remote

---

[21] (vgl. Institute, 2015)

[22] (vgl. McAfee, 2012)

einen Reset-Befehl an das Smartphone zu senden, um ggf. Unternehmensinterne Informationen zu schützen.

3.2 Gesetzliche Anforderungen

Die Unternehmen sind jedoch nicht nur aus wirtschaftlicher Sicht daran interessiert Ihre Daten zu schützen, sondern auch gesetzlich dazu verpflichtet. Denn nach §9 des Bundesdatenschutzgesetztes muss die verantwortliche Stelle, die technischen und organisatorischen Maßnahmen treffen, die erforderlich sind, um die der Anlage des BSDG genannten Anforderungen zu gewährleisten. [23]

Da davon auszugehen ist, dass in Unternehmen in der Regel auch personenbezogene Daten verarbeitet werden, haben Unternehmen dafür Sorge zu tragen, dass die Anforderungen des §9 des BSGS erfüllt werden. [24]

So können sich Unternehmen aus organisatorischer Hinsicht an den Vorlagen des Bundesdatenschutzgesetzes orientieren. Dort sind technische und organisatorische Maßnahmen zur IT-Sicherheit wie folgt definiert:

„Werden personenbezogene Daten automatisiert verarbeitet oder genutzt, ist die innerbehördliche oder innerbetriebliche Organisation so zu gestalten, dass sie den besonderen Anforderungen des Datenschutzes gerecht wird. Dabei sind insbesondere Maßnahmen zu treffen, die je nach der Art der zu schützenden personenbezogenen Daten oder Datenkategorien geeignet sind,

1. Unbefugten den Zutritt zu Datenverarbeitungsanlagen, mit denen personenbezogene Daten verarbeitet oder genutzt werden, zu verwehren (Zutrittskontrolle),

---

[23] (vgl. Bitkom, 2013)

[24] (vgl. Lang, 2014)

2. zu verhindern, dass Datenverarbeitungssysteme von Unbefugten genutzt werden können (Zugangskontrolle),

3. zu gewährleisten, dass die zur Benutzung eines Datenverarbeitungssystems Berechtigten ausschließlich auf die ihrer Zugriffsberechtigung unterliegenden Daten zugreifen können, und dass personenbezogene Daten bei der Verarbeitung, Nutzung und nach der Speicherung nicht unbefugt gelesen, kopiert, verändert oder entfernt werden können (Zugriffskontrolle),

4. zu gewährleisten, dass personenbezogene Daten bei der elektronischen Übertragung oder während ihres Transports oder ihrer Speicherung auf Datenträger nicht unbefugt gelesen, kopiert, verändert oder entfernt werden können, und dass überprüft und festgestellt werden kann, an welche Stellen eine Übermittlung personenbezogener Daten durch Einrichtungen zur Datenübertragung vorgesehen ist (Weitergabekontrolle),

5. zu gewährleisten, dass nachträglich überprüft und festgestellt werden kann, ob und von wem personenbezogene Daten in Datenverarbeitungssysteme eingegeben, verändert oder entfernt worden sind (Eingabekontrolle),

6. zu gewährleisten, dass personenbezogene Daten, die im Auftrag verarbeitet werden, nur entsprechend den Weisungen des Auftraggebers verarbeitet werden können (Auftragskontrolle),

7. zu gewährleisten, dass personenbezogene Daten gegen zufällige Zerstörung oder Verlust geschützt sind (Verfügbarkeitskontrolle),

8. zu gewährleisten, dass zu unterschiedlichen Zwecken erhobene Daten getrennt verarbeitet werden können.

Eine Maßnahme nach Satz 2 Nummer 2 bis 4 ist insbesondere die Verwendung von dem Stand der Technik entsprechenden Verschlüsselungsverfahren. "

(Anlage zu § 9 Satz 1 des BDSG)

4. Mobile Device Management-Konzepte im Vergleich

Im folgenden Abschnitt werden die Konzepte „Bring Your Own Device" und „Corporate Owned – Personally Enabled" näher betrachtet und Vor-und Nachteile herausgearbeitet.

4.1   Bring Your Own Device

Wie bereits erwähnt, werden bei dem Konzept „Bring Your Own Device, die privaten Geräte der Mitarbeiter in das Unternehmensumfeld implementiert. Dabei entsteht für die IT-Abteilung schon die erste Hürde. Durch die hohe Anzahl an verschiedenen Geräten, welche implementiert werden, ist es jedoch grundsätzlich schwierig, einheitliche Vorkehrungen und Prozesse zu definieren. Einer der Vorteile von BYOD, der Senkung der Anschaffungskosten, da die Geräte privat vom Mitarbeiter gekauft werden, könnte sich durch die steigenden Supportkosten wieder relativieren. [25]

Generell sollte jedoch, da die Mitarbeiter in der Regel mit den eigenen Geräten vertraut sind, mit einer Reduktion der Supportanfragen zu rechnen sein. [26]

Aus Datenschutzrechtlichen Gründen ist generell nur eine freiwillige Nutzung von „BYOD" möglich. Die Unternehmen sind hinsichtlich Einräumung der Kontrollrechte auf die Kooperation des Mitarbeiters angewiesen.[27]

---

[25] (vgl. Hommes, 2013, S.79)

[26] (vgl. Karsten Knüttel, 2012)

[27] (vgl. Bitkom, 2013)

Daher müssen auch hier auch die die geschäftlichen Daten strikt von den privaten Daten getrennt werden. Das Unternehmen ist verpflichtet die die Erhebung, Verarbeitung und Nutzung der Daten kontrollieren zu können.

Davon müssen allerdings die privaten Daten der Anwender ausgeschlossen bleiben. Denn nach $88 des Telekommunikationsgesetzes dürfen Arbeitgeber nicht ohne entsprechende Einwilligung auf die privaten Daten des Mitarbeiters zugreifen. [28]

Demnach könnten auch die Mitarbeiter eine Gefährdung Ihrer Privatsphäre bemängeln, da der Arbeitnehmer gegebenenfalls durch das Mobile Device Management System einen Einblick auf die privaten Daten im Smartphone erhält. [29]

Generell sind zwischen Arbeitgeber und Arbeitnehmer bei diesem MDM-Modell viele Verhaltensregelungen, welche im Falle von Verlust, Diebstahl, Beschädigung oder ähnliches greifen, vorab zu klären. [30]

Viele IT-Verantwortliche scheuen sich vor der Einführung des Konzeptes, da eine „potenzielle Vermischung" von privaten und Unternehmensdaten schwer zu kontrollieren ist.[31]

Die Website www.detecon.com hat unter anderem ein 7-Schichten-Modell entwickelt, welches alle Sicherheitsaspekte im mobilen Endgerät abdecken soll.

---

[28] (vgl. Bitkom, 2013)

[29] (vgl. Meuser, 2012, S.3)

[30] (vgl. Schwartmann, 2011, S.452)

[31] (vgl. Karsten Knüttel, 2012, S.50)

Abbildung: Das 7-Schichtenmodell

Abbildung 3: Das Datensicherheitskonzept für mobile Geräte im BYOD-Kontext basiert auf einem Sieben-Schichten-Modell.
http://images.computerwoche.de/images/computerwoche/bdb/1858524/738x415_f5f5f5.jpg

Dieses soll sowohl technische, als auch einige rechtliche bzw. Verhaltensregelungen definieren und somit als generelle Grundlage für Unternehmen dienen, welche private Gerät in ihre Infrastruktur einbinden wollen. Quelle detecon

Diese Pyramide lässt sich in jedem Falle auf diverse Konzepte des Mobile Device Managements anwenden.

Prinzipiell müssen gespeicherte Firmendaten auf einem privaten Gerät verschlüsselt sein. Hierbei ist es dem Unternehmen überlassen, welche Verschlüsselung auf dem Gerät genutzt wird. Die Verschlüsselung verhindert, im Falle eines Verlustes, den Zugriff auf die Hardware und somit auf die Daten.[32] Hierbei ist zu beachten, dass z.B. die

---

[32] (vgl. Claus Eßmann, 2012)

Verschlüsselung einer Speicherkarte, unter Umständen auch private Daten des Mitarbeiters mit verschlüsseln könnte.

Des Weiteren sollte in jedem Falle eine Anti-Virus Software auf jedem Gerät aufgespielt werden. Die Gründe wurden bereits in Punkt 3.1 der allgemeinen Risiken erwähnt.

Jedoch kann auch die Kombination aus privaten und geschäftlichen Applikationen ein Problem darstellen. Gerade Apps, welche beispielsweise Daten an eine Cloud senden oder auf andere Ressourcen des Smartphones zugreifen. Grundsätzlich gibt es hier in technischer Hinsicht verschiedene Ansätze, um die privaten Daten von den Unternehmensdaten zu isolieren. [33]

- Zum einen wäre eine Trennung auf Anwendungsebene möglich: Hier werden berufliche Anwendungen z.B. für E-Mails auf dem mobilen Endgerät bereitgestellt. Dabei erfolgt die Trennung der Daten durch die Nutzung von privaten und Unternehmensanwendungen.

- Eine weitere Möglichkeit ist eine Trennung auf Betriebssystemebene. Dieser Weg implementiert mehrere virtuelle Maschinen, sodass der Nutzer zwischen zwei oder mehreren, voneinander getrennten, logischen Betriebssystemen wechseln kann.

- Die dritte Möglichkeit wäre eine sogenannte Client-Server-Variante. Bei dieser Lösung greift das Endgerät auf Business Anwendungen auf einem Server zu. So werden die Unternehmensdaten nicht lokal, sondern ausschließlich auf dem Server abgespeichert. Hierbei ist jedoch eine bestehende Verbindung zum Server nötig. [34]

Ein weiterer Punkt der Pyramide ist die Hardware. Dieser Punkt ist bei BYOD hinfällig, da das Unternehmen die Hardware nicht bestimmen kann, sondern letztendlich alle Geräte einbinden muss, wenn es technisch und Datenschutzrechtlich möglich ist. Die physische Sicherheit, welche auch im BDSG §9 geregelt ist, ist technisch für alle

---

[33] (vgl. Claus Eßmann, 2012)

[34] (vgl. AISEC, 2013)

MDM-Konzept umsetzbar. Hierbei wären über das Mobile Device Management System sogenannte Richtlinien zu definieren, dass zum Beispiel ein Zugangscode definiert werden muss. [35]

Die größten Schwierigkeiten beim Konzept Bring your Own Device sind jedoch die Punkte 6 und 7 der Abbildung 3, sowie die rechtlichen Grauzonen, in denen man sich befindet.

Auch wenn in technischer Hinsicht ein Gerät weitestgehend abgesichert ist, kann es passieren, dass das Smartphone, bei einem Verlust in falsche Hände gerät. Eine Möglichkeit wäre, über das MDM-System eine Reset des Gerätes anzustoßen.

Das ist jedoch nicht so einfach möglich, wenn sich unteranderem noch private Daten eines Mitarbeiters auf dem Gerät befinden. [36]

Daher gilt für das Konzept BYOD, dass neben der technischen Umsetzung, die Verhaltensregeln und Policies zwischen Arbeitgeber und Mitarbeiter genau definiert sein müssen.

---

[35] (vgl. Claus Eßmann, 2012)

[36] (vgl. Meuser, 2012)

4.2 Corporate Owned – Personally Enabled

Auch das Konzept COPE, also Corporate Owned – Personally Enabled, bietet zunächst einige Vorteile. Der wohl größte Vorteil von COPE gegenüber BYOD ist die Tatsache, dass das Unternehmen nicht beliebig viele verschiedene Produkte in das Unternehmensumfeld einbinden muss, sondern die Auswahl der zu nutzenden Geräte selbst treffen kann. Normalerweise übergibt das Unternehmen dem Mitarbeiter eins der verfügbaren Geräte und dieser richtet es nach den Vorgaben der IT ein. Dieser kümmert sich ebenso um Updates und die laufende Wartung. Somit muss das Unternehmen zwar die Anschaffungskosten tragen, jedoch gibt es Zeit und Geldersparnisse beim Support.[37]

Aufgrund der einheitlichen Geräte, bzw. der Tatsache, dass das Unternehmen die Geräte selbst wählen kann, gibt es weitaus weniger Schwierigkeiten in der technischen Einbindung in ein MDM-System. Weiterhin hat das Unternehmen die eigentliche „Herrschaft" über das Gerät. Es können damit, vor der Ausgabe an den Mitarbeiter, Sicherheitsapplikationen oder notwendige Einstellungen aufgespielt werden. [38]

So lassen sich die technischen Sicherheitsaspekte und Ansätze von BYOD, eins zu eins auf dieses Konzept anpassen, jedoch meist ohne die rechtlichen Grauzonen.

Daher lässt sich generell feststellen, dass COPE nicht Herausforderungen technischer, sondern hauptsächlich rechtlicher Art lösen kann. [39]

Da das Mobile Gerät im Eigentum des Unternehmens bleibt, ist es für das Unternehmen rechtlich gesehen, einfacher Richtlinien für die Nutzung des Smartphones zu definieren.[40]

---

[37] (vgl. Lang, 2014, S.112)

[38] (vgl. Mönckemeyer, 2013)

[39] (vgl. Bitkom, 2013)

[40] (vgl. Eric J. Rzeszut, 2014. S.80)

Weiterhin legt dieses Konzept den Verantwortungsbereich des Smartphones ein wenig in Richtung des Mitarbeiters. So muss er sich die Frage stellen, ob er das Gerät mitsamt PIN beispielsweise an seine Kinder weitergibt oder sich mit einem unbekannten WLAN verbindet. [41]

Auch diese ganzen Nutzungsregelungen müssen vorab zwischen Arbeitnehmer und Arbeitgeber geklärt und genau definiert werden, um im Schadensfall eine Schuldzuweisung aussprechen zu können. Klare Regelungen zur Gerätenutzung, d.h. welche Software genutzt werden darf und welche Sicherheitsvorkehrungen getroffen werden müssen, sollten ebenfalls schriftlich definiert sein.

---

[41] (vgl. Eric J. Rzeszut, 2014, S.81)

5. Fazit

Alles in allem lässt sich feststellen, dass die technischen Fähigkeiten und Funktionen eines Mobile Device Management Systems und der heutigen Smartphones weitestgehend so ausgereift sind, dass eine sichere Nutzung im Unternehmensumfeld durchaus möglich ist.

Die verschiedenen Konzepte haben sowohl Vor-als auch Nachteile für Arbeitnehmer und –Arbeitgeber.

Auch in Bezug auf die Datensicherheit gibt es sowohl gesetzliche als auch technische Maßnahmen, um die Unternehmensdaten zu schützen. Jedoch sind nicht alle Gesetzlagen genau definiert, sodass man sich häufig in „Grauzonen" befindet.

Das Konzept „Bring Your Own Device" birgt in Datenschutz-rechtlicher Sicht die größeren Grauzonen. Da das mobile Endgerät dem Nutzer „gehört", wird dieses auch zumeist so behandelt, ohne teilweise über Gefahren nachzudenken.

Durch das Konzept „Corporate Owned – Personally Enabled" kann ein Unternehmen, die Geräteherrschaft behalten und hat auch somit, rechtlich gesehen, nicht so viel zu befürchten.

6. Literaturverzeichnis

AISEC, V. J. -. F., 2013. *Sicherheit mobiler Endgeräte im Cyberraum - Leitfaden zur Sicherheit mobiler Endgeräte für Behörden und KMU*, s.l.: s.n.

Andenmatten, M., 2015. *COBIT® 5 Grundlagen: Planung, Umsetzung und Optimierung der IT-Steuerung.* s.l.:s.n.

Bitkom, 2013. *Arbeit 3.0 - Arbeiten in der digitalen Welt,* Berlin: Bitkom Research GmbH.

Bitkom, 2013. *Bring Your Own Device,* s.l.: Bitcom 2013.

Claus Eßmann, E. A. u. K. K., 2012. *http://www.computerwoche.de/.* [Online]
Available at: http://www.computerwoche.de/a/byod-ja-aber-sicher,2517849#
[Zugriff am 03 07 2015].

Eric J. Rzeszut, D. G. B., 2014. *10 Don'ts on Your Digital Devices: The Non-Techie's Survival Guide to Cyber Security and Privacy.* s.l.:Apress.

Franke, C., 2015. *„Consumerization of IT": Buzzword 2011 – Analyse von Chancen und Gefahren.* Hamburg : Diplomica Verlag.

Hansen, H., 2012. *http://www.lto.de/recht/hintergruende/h/rechtliche-probleme-privater-it-am-arbeitsplatz/.* [Online]
Available at: http://www.lto.de/recht/hintergruende/h/rechtliche-probleme-privater-it-am-arbeitsplatz/
[Zugriff am 29 06 2015].

Heinrich Kersten, G. K., 2012. *Mobile Device Management.* s.l.:MITP Verlags GmbH.

Hommes, J., 2013. *Mobile Device Management Strategien - Wie Unternehmen dem Consumerization-Trend begegnen können.* Hamurg: Diplomica Verlag.

http://www.bitkom.org, 2015. *http://www.bitkom.org.* [Online]
Available at: http://www.bitkom.org/de/presse/8477_81896.aspx
[Zugriff am 09 Juni 2015].

http://www.initiatived21.de,　　2014.　*http://www.initiatived21.de/*.　　[Online]
Available　　at:　　http://www.initiatived21.de/wp-content/uploads/2014/12/Mobile-Internetnutzung-2014_WEB.pdf
[Zugriff am 15 07 2015].

Informationssicherheit, D. -. D. u., 2013. *Datenverstöße können teuer werden!*. [Online]
Available　　　　　　　　　　　　　　　　　　　　　　　　　　　　　　　　　at:
https://www.google.de/url?sa=t&rct=j&q=&esrc=s&source=web&cd=1&cad=rja&uact
=8&ved=0CCIQFjAAahUKEwjv-
tHjzIPHAhXHFJQKHRQoBNQ&url=http%3A%2F%2Fwww.dpn-
datenschutz.de%2Fwp-content%2Fuploads%2F2013%2F09%2FDPN-
Datenschutz_Zeitung_Ausgabe_September-2013.pdf&ei=Y
[Zugriff am 29 07 2015].

Institute,　　M.　-.　P.,　　2015.　*The　Lost　Smartphone　Problem*,
http://www.mcafee.com/us/resources/reports/rp-ponemon-lost-smartphone-problem.pdf:
s.n.

ITespresso,　　R.　S.　-.,　　2015.　*www.itespresso.de*.　　[Online]
Available　　at:　　http://www.itespresso.de/2015/06/02/firmen-stehen-dem-einsatz-
persoenlicher-mobilgeraete-aufgeschlossener-gegegenueber/
[Zugriff am 15 07 2015].

Karsten Knüttel, E. A. C. E., 2012. *Kurz vor Chaos - Was bei der Umsetzung einer BYOD-Strategie zu beachten ist*, s.l.: Detecon Management Report.

Kreitmair, M., 2011. *Social Web 2.0 - sicherer Umgang mit sozialen Netzwerken*. s.l.:s.n.

Lang, M., 2014. *CIO Handbuch - Strategien für die innovative und agile IT-Organisation*.
Band 3 Hrsg. s.l.:Michael Lang.

McAfee, 2012. *McAfee Threats Report: Fourth Quarter 2012*, s.l.: s.n.

Meuser, K. /., 2012. *BYOD und der Datenschutz*, s.l.: LANline.

Mönckemeyer,　　M.,　　2013.　*http://www.it-mod.de/*.　　[Online]
Available　　　　　　　　at:　　　　　　　　http://www.it-mod.de/wp-
content/uploads/2015/04/itmanagement_12_2013-S20-21_COPEvsBYOD1.pdf
[Zugriff am 25 07 2015].

Neumann, H. /., 2005. *Hansen / Neumann - Wirtschaftsinformatik 1 - Grundlagen und Anwendungen.* 9. Auflage Hrsg. Stuttgart: Lucius & Lucius.

Schneider, R., 2015. *http://www.itespresso.de.* [Online]
Available at: http://www.itespresso.de/2015/06/02/firmen-stehen-dem-einsatz-persoenlicher-mobilgeraete-aufgeschlossener-gegegenueber/
[Zugriff am 09 06 2015].

Schwartmann, R., 2011. *Praxishandbuch Medien-, IT- und Urheberrecht.* 3. Auflage Hrsg. München: C.F. Müller.

BEI GRIN MACHT SICH IHR WISSEN BEZAHLT

- Wir veröffentlichen Ihre Hausarbeit,
  Bachelor- und Masterarbeit

- Ihr eigenes eBook und Buch -
  weltweit in allen wichtigen Shops

- Verdienen Sie an jedem Verkauf

Jetzt bei www.GRIN.com hochladen
und kostenlos publizieren